# ÉLOGE DE ROLLIN.

DE L'IMPRIMERIE DE FAIN, RUE DE RACINE.

# ÉLOGE
# DE ROLLIN,

## DISCOURS

QUI A OBTENU UNE MENTION HONORABLE,

SOUS LE N°. 6,

AU CONCOURS DE L'ACADÉMIE FRANÇAISE.

> Sumat ante omnia præceptor parentis erga liberos
> suos animum, et succedere se in eorum locum, à
> quibus sibi liberi traduntur, existimet.
> QUINT., *Instit.*, liv. II, ch. II.

PAR AUG. TROGNON,

AGRÉGÉ AU COLLÉGE ROYAL DE LOUIS-LE-GRAND,
ÉLÈVE DE L'ÉCOLE NORMALE.

A PARIS,

CHEZ DELAUNAY, LIBRAIRE, PALAIS-ROYAL,
GALERIE DE BOIS, N°. 243.

1818.

# ÉLOGE DE ROLLIN,

## DISCOURS

QUI A OBTENU UNE MENTION HONORABLE,

SOUS LE N°. 6,

AU CONCOURS DE L'ACADÉMIE FRANÇAISE.

---

Rollin venait de mourir. La jeunesse Française, qui perdait en lui le plus révéré des bienfaiteurs, les pères le plus tendre ami de leurs enfans, les savans l'un des hommes les plus éclairés de leur siècle, confondant leurs regrets, s'étaient réunis autour de sa tombe. Ils s'attendaient tous que, fidèle à ses anciens usages, l'Université allait consacrer par un éloge public la cendre d'un recteur qui lui avait donné tant de gloire, et que, pour cette fois du moins, ce modeste honneur allait s'agrandir du nom de celui qui le recevait. L'attente publique fut trompée : l'ombrageuse autorité, dont les persécutions avaient répandu quelque amertume sur les derniers jours de Rollin, s'obstina à le poursuivre au-delà du tombeau ; on imposa silence à la voix qui devait le louer, et, seul de tous les recteurs de l'antique Université, Rollin mourut sans éloge.

Ce n'était point là une de ces éclatantes injustices dont le génie fut trop souvent victime, et qui commandent de grandes expiations à l'avenir. Mais la reconnaissance publique était restée muette, et ce silence était un outrage. Un monarque dont les vertus ne pouvaient être égalées que par ses malheurs, se ressouvint le premier de cette renommée délaissée. Il plaça la statue de Rollin à côté de celles des plus grands hommes de la monarchie, et ce monument commença à acquitter le juste tribut d'hommages que réclamait un nom si vénérable. Achever l'œuvre de ce roi vertueux était réservé à l'Académie française, à cette illustre compagnie qui semble être là comme pour veiller au dépôt sacré de la gloire nationale, et, vengeresse des injustices contemporaines, représenter, dans ses équitables arrêts, la postérité tout entière.

Vous tous, sur qui pèse aujourd'hui l'héritage des destinées de Rollin, vous surtout qui, comme moi, jeunes disciples de cet illustre maître, n'avez encore d'autre guide que ses lumières, d'autre appui que son expérience dans la carrière laborieuse que vous parcourez, qu'il doit être doux, qu'il doit être flatteur pour vous, que vos sentimens aient trouvé de si dignes interprètes, et que celui dont l'éloge fut de tout temps dans vos cœurs, soit associé aujourd'hui dans les honneurs d'un éloge public aux noms glorieux des Descartes et des Fénélon! Un autre bonheur nous serait dû peut-être; mais gardons-nous d'exprimer un vœu trop téméraire : qu'il nous suffise de montrer tout ce que nous sentons de reconnaissance pour l'hommage qu'on rend à la mémoire de Rollin, et de satisfaire un besoin de nos cœurs, en jetant quelques fleurs sur sa tombe. Trop heureux celui à qui il appartiendra d'attacher la gloire de son triomphe à une gloire qui nous est si chère, qui est à nous, et que nous nous plaisons à honorer et à cultiver avec ce respect sacré que la piété filiale porte au patrimoine de ses pères!

Rollin n'était point fait pour étonner le monde. Il n'avait pour lui ni l'éclat du génie, ni les hautes vertus d'une âme héroïque. Un dévouement sans bornes au bien de l'enfance, et avec cela les bonnes œuvres d'un cœur droit et simple, voilà tous ses titres à l'admiration. Sa place est parmi ce petit nombre de sages qui, dans le silence d'une condition privée, ont dévoué leur vie à d'utiles travaux et à des vertus paisibles, et, modestes bienfaiteurs de l'humanité, ont joui du bonheur de faire le bien, sans rien demander au-delà de ce bonheur.

Né dans cet âge glorieux de la littérature française qui produisit Pascal, Bossuet et Racine, il ne se rapproche de tous ces hauts génies que par ce qui a été le partage commun de son siècle. Austérité chrétienne dans les mœurs, respect consciencieux de la vérité et de toutes les convenances sociales, attachement religieux aux traditions littéraires de l'antiquité, tels sont les caractères qui distinguent les hommes d'alors et leurs ouvrages, tels sont ceux qui distinguent le recteur de l'Université et l'auteur du *Traité des Études*. Mais la vocation de cette race illustre d'écrivains était de créer à la France une gloire littéraire aussi durable que celle de la Grèce et de Rome, et d'offrir dans leurs écrits d'éternels modèles de la pureté du goût et de la sublimité du génie; la vocation de Rollin était de recueillir les oracles dictés par ces grands hommes, et de perpétuer dans les générations futures les saines doctrines qu'ils avaient accréditées, et qui les avaient formés eux-mêmes.

Le premier jour où il s'assied sur les bancs du collége détermine ce qu'il doit être. Appelé du sein de la pauvreté au bienfait d'une éducation gratuite, la dette de reconnaissance qu'il a contractée lui est toujours présente, et ce qu'il a reçu, il se croit engagé à le rendre. Par quels nobles essais ne prélude-t-il pas à cette grande et pénible tâche dont il va bientôt accepter le fardeau ! Quel instituteur il promet à l'enfance celui qui, simple enfant lui-même, est appelé *divin* par ses maîtres ; titre autant mérité par l'inaltérable douceur de ses mœurs, que par la supériorité de ses talens ! Quelle admirable réunion de modestie et de savoir s'annonce dans ce jeune disciple, qui, chaque année le front ceint du laurier des Muses, sait résister aux premiers charmes de la victoire, et triompher des puissantes séductions d'une gloire naissante ! Ainsi tout révèle en lui l'homme qui croit pour la jeunesse ; ainsi se prépare pour l'Université celui qui, en se rendant l'interprète de ses doctrines auprès des races à venir, doit asseoir sur des bases inébranlables la gloire de ce corps antique et révéré.

C'était alors un véritable honneur, un honneur qu'il n'en coûtait pas peu pour obtenir, que celui d'être appelé à l'instruction de la jeunesse. Dans ce siècle de gravité, où la conscience publique avait tant d'empire, l'ignorance ne se hasardait guère à ambitionner les honneurs du savoir, et l'opinion environnait de tous ses respects les hommes assez courageux et en même temps assez éclairés pour être investis d'une si importante magistrature. La frivolité du bel esprit n'avait point encore inventé pour eux ce titre dédaigneux de *pédant de collège,* que leur a tant prodigué depuis le sourire moqueur des gens du monde. On avait une un peu plus haute idée des hommes entre les mains de qui reposent les destinées de l'enfance, et l'on ne pensait pas que ce fût trop d'un peu de considération pour des citoyens laborieux qui, avec tout ce qu'il faut pour aspirer aux honneurs et à la fortune, consentaient à ensevelir leur mérite dans une pauvreté sans gloire. Aussi l'Université, forte de toute la confiance et de tout le respect qu'elle inspirait, tendait de tous ses efforts à rendre ce tribut de plus en plus légitime; et, comme si tout entière elle eût été solidaire pour chacun de ses membres, elle n'en admettait aucun dans son sein que ses mœurs et son savoir ne rendissent digne d'y paraître. A vingt ans Rollin eut cet honneur. En vain sa modestie recule devant le noble fardeau qu'on lui impose, en vain il proteste de sa jeunesse et de son inexpérience; le témoignage unanime des élèves et des maîtres le convainc d'une trop timide défiance de lui-même.

Le voilà donc appelé à ces fonctions où un instinct secret n'a cessé de le porter dès l'enfance, et pour lesquelles son génie semble, comme à dessein, façonné par la nature; le voilà aux premiers rangs de cette milice enseignante, sur laquelle pèse une si immense obligation de science et de vertu. N'attendez pas qu'esclave plutôt que disciple, il aille se traîner servilement sur la trace de ses maîtres, et refuser à la raison les salutaires innovations qu'elle demande. Sans doute Rollin a trop de bon sens pour mépriser les vieux enseignemens de l'expérience; mais il en a trop aussi pour croire que le passé, toujours irréprochable, ne laisse rien à corriger à l'avenir. La langue d'Homère et de Platon, cette belle langue qui inspirait alors Fénélon et Racine, languissait depuis quelque temps négligée dans les écoles, et ne se soutenait plus que comme une de ces institutions en ruine, dont l'unique fondement est une routine vieillissante et à demi effacée par le temps. Tout change à la voix de Rollin; l'antiquité grecque revit auprès de l'antiquité romaine; Thucydide et Démosthène reprennent leur place auprès de Cicéron et de Tacite, et le docte esprit des Casaubon et des Dacier semble se ranimer dans nos écoles. Un autre abus, peut-être devrais-je dire un scandale, frappe l'attention de Rollin. A peine parle-t-on français dans les colléges; il semble que l'enfance vienne y désapprendre la langue de son berceau, cette langue qui lui a enseigné le nom de sa mère. Le mal n'est pas plus tôt senti que réparé; l'idiome natal cesse d'être un objet étranger aux études classiques, et la jeunesse française commence à savoir que sa patrie a aussi un Démosthène et un Virgile. Huit ans entiers se succède ainsi une suite non interrompue d'utiles améliorations; et, quoiqu'à peine naissantes, le nom de Rollin les consacre, et semble les revêtir de l'autorité des siècles.

Le *Traité des Études* n'est point fait encore; mais que de matériaux pour le faire amassés par l'expérience! Que sera-ce quand, aux utiles enseignemens de la pratique, seront venues se joindre les méditations fécondes de la retraite?

Que sera-ce quand, de cette retraite, consacrée tout entière au bien de la jeunesse, mais qui laisse dans l'Université un vide irréparable, Rollin aura été rappelé dans le sein et à la tête même du corps qu'en un rang moins haut il a déjà tant illustré? Que sera-ce enfin lorsque, au sortir de ces éminentes fonctions, qui, comme les magistratures républicaines de Rome et d'Athènes, n'en étaient que plus honorables pour être temporaires, simple citoyen de l'état qu'il a gouverné, il aura vécu quinze années entières chargé du soin d'une jeunesse nombreuse, à laquelle il ne doit plus seulement toutes les lumières d'un maître, mais toute l'active surveillance et toute la sollicitude d'un père? Il fallait qu'il passât ainsi par toutes ces fonctions diverses dont le but est toujours le même, pour apprendre à connaître sous toutes ses faces ce grand art de l'éducation, où il y a tant de choses à savoir, et où il est si dangereux de rien ignorer.

Qu'il est heureux l'écrivain qui, dans le fond de son cœur, peut compter pour une bonne action chacun de ses ouvrages! Avec quel délice sa conscience doit se reposer dans cette consolante idée que, fidèle au précepte du sage, il a cherché la vertu d'abord, et puis après la gloire, et que, si la gloire vient à le tromper, la vertu du moins ne lui manquera jamais ! Mais que surtout il doit se rendre à lui-même un beau témoignage, celui qui, désintéressé de toute vue humaine, fait un livre comme une œuvre ordinaire de sa vie, toujours dans la simplicité de son cœur, ne voulant que le bien, et le voulant de toute son âme, toujours se plaçant sous l'œil du juge suprême qui contemple les actions des hommes, et auquel seul elles doivent toutes être rapportées ! Ils sont bien rares les ouvrages écrits ainsi sous la dictée d'un cœur vertueux, et qui font au lecteur cette douce illusion de lui faire oublier qu'il lit un livre, pour le mettre en présence d'un sage et d'un ami dont il entend la voix et les conseils ! Fénélon et Rollin, âmes dignes l'une de l'autre, voilà le premier secret de votre génie: voilà ce qui donne aux chants divins du cygne de Cambrai une mélodie si touchante et si persuasive; voilà ce qui répand sur les pages du *Traité des Études* ce charme irrésistible, ce doux entraînement de conviction, qui fait entrer dans l'esprit, par la voie du cœur, les oracles de la sagesse.

Ce serait ici le lieu de montrer quel immense trésor de raison et de lumières est renfermé dans ce livre où Rollin a déposé tous les résultats de sa longue et savante expérience; ce serait ici le lieu de suivre, dans l'étendue progressive de ses développemens, cette vieille éducation de nos pères, qui, pourvoyant à tout, sanctifiait la science par la morale, et la morale elle-même par la religion; c'est enfin ici qu'il faudrait présenter dans toute la régularité de son ensemble ce corps complet de doctrine, où se retrouve l'antiquité entière, avec ses orateurs et ses sages, épurée par les dogmes du christianisme, et enrichie de toutes les idées d'une civilisation nouvelle. Mais qu'est-ce que le cercle étroit de quelques pages pour embrasser tant de choses? Retrouvera-t-on la ravissante lecture du *Traité des Études* dans l'aride exposé de quelques vieux axiomes du bon sens, qui traînent partout depuis des siècles? Mais ces préceptes, avec toute leur sagesse, que sont-ils, réduits à la triviale évidence de la raison? Que sont-ils, dépouillés de cette foule d'heureux détails qui font leur charme, leur nouveauté, leur vie? Qui révèlera le secret de leur application? qui dira comment ils peuvent descendre de leur rigoureuse universalité dans le domaine de la pratique, et, à mesure que les objets changent, se prêter à mille modifications diverses ? De l'intelligence des langues à la poésie, de la poésie à l'éloquence, de l'éloquence à l'histoire, de l'histoire à la philosophie, le chemin est-il tout tracé, et n'est-il pas quelques points à fixer, quelques pierres numéraires à poser dans ce vaste champ d'études qui s'ouvre devant la jeunesse? Quel autre guide, enfin, que Rollin lui-même, pourra se faire suivre, avec quelque plaisir, au sein de cette vie intérieure du collége, au milieu de tous ces détails d'une discipline domestique, où il n'y a que de petites choses, mais qui toutes concourent à l'œuvre la plus grande et la plus importante de la vie humaine ? surtout où trouver des paroles pour rendre cette naïve éloquence du cœur, cette onction paternelle qui anime les leçons du bon recteur? Comment retracer cet ineffable mélange de gravité et de douceur, d'austérité et de grâce, où la poétique antiquité eût cru reconnaître la sagesse en cheveux blancs de Nestor, où le christianisme retrouve l'auguste pureté des traditions évangéliques? Pour la gloire même de Rollin, il faut ici nous taire; n'est-ce pas le louer assez que d'avoir nommé le *Traité des Études?* Il y a là plus qu'un bon livre; c'est une des meilleures actions d'une vie qui n'en compta que de bonnes. Mais le bienfait a été une œuvre simple et modeste; la reconnaissance doit ressembler au bienfait. Il est de ces hommes sur lesquels la bouche doit peu dire, et dont l'éloge doit comme se garder tout entier au fond du cœur.

On a beaucoup loué le vieux Caton de n'avoir point rougi de commencer l'étude des lettres grecques dans un âge où la plupart des hommes ne songent guère qu'à se reposer des fatigues d'une longue vie, et à s'acheminer doucement vers la tombe. Peut-être eût-on mieux apprécié cette action en la louant un peu moins, et ne voyant dans ce tardif apprentissage que le simple délassement d'une vie trop long-temps agitée. Mais qu'un homme dont le nom a déjà les honneurs d'une vieille renommée consente, pour se rendre plus utile, à faire le sacrifice de son amour-propre; qu'à soixante ans, pour la première fois, il commence à manier une langue qui jusqu'alors a été pour sa plume une langue étrangère; c'est ce qu'on n'a jamais songé à louer, et ce qui, pourtant, à notre avis, mérite bien de l'être. Le *Traité des Études* était le premier ouvrage français de Rollin; il en fait l'aveu lui-même, et cet aveu, qui est comme un acquit de conscience, un humble pardon qu'il demande de sa témérité, cet aveu, sans qu'il y songe, est un titre de plus qu'il ajoute à sa gloire. Sans doute il est aisé de voir que les langues d'Athènes et de Rome ont été sa première et sa plus chère étude. Mais ce n'est pas dans l'élégante et facile abondance de sa diction, c'est dans la couleur même de sa pensée que ce secret se trahit tout entier. L'âme de l'antiquité semble revivre en lui dégagée de ses formes. Dans chaque page du *Traité des Études* on retrouve Cicéron et Quintilien ; dans chaque page de l'*Histoire ancienne* on retrouve Hérodote et Xénophon.

Élever un monument à la gloire de leur patrie, et en même temps à leur propre gloire, tel a été le but de la plupart des écrivains qui ont entrepris de léguer les souvenirs du passé à l'avenir : tel ne fut point le but de Rollin. En écrivant l'histoire, il ne fait que poursuivre la pensée de toute sa vie ; il veut être l'historien de la jeunesse. Déjà septuagénaire, ne croyez pas que les glaces de l'âge refroidissent ce zèle ardent qui anima les premières années de sa vie. Noble privilége attaché aux passions vertueuses ! elles ne vieillissent jamais. Seules de toutes elles brûlent encore quand tout s'éteint autour d'elles; leur vivifiante chaleur préserve l'âme du froid des années, et, brisé par la caducité, l'homme trouve encore des forces pour le bien. Rollin n'a plus que quelques années devant lui; mais, moins il lui en reste, moins il leur croit permis d'être inutiles. Il ne dit pas, comme l'orateur athénien, qu'il craindrait d'entendre le marteau du forgeron devancer son réveil ; il y a là trop de petitesse et de vanité pour l'âme de Rollin : mais il s'est fait une tâche, et sans cesse il est à l'œuvre : « Je me suis mis à la » journée, dit-il, comme l'ouvrier qui attend » sa vie du travail de ses mains. » O vieillesse admirable et vraiment divine, vieillesse pleine de vigueur et de vie, délicieux avant-goût de l'immortalité ! se fût écrié Cicéron dans son enthousiasme, lorsqu'il versait à pleines mains, sur ce dernier âge de la vie humaine, toutes les fleurs de son éloquence. Vieillesse patriarcale et chrétienne, pleine de vertus et de bienfaits ! s'écrient au milieu de nous mille voix réunies d'enfans et de pères, avec un sentiment d'admiration plus profond et plus pur.

Comment séparer Rollin de ses ouvrages ? A chaque instant on se sent ramené malgré soi à louer l'homme, quand on ne voudrait louer que l'écrivain. Nous venons de nommer l'*Histoire an-*

*cienne.* Dans ce livre ce n'est plus Rollin lui-même qui parle ; ce sont les grandes ombres de Cyrus et d'Alexandre qui nous apparaissent, évoquées de la tombe avec tout l'éclat de leur génie et toute la gloire de leurs conquêtes. Et cependant, au milieu même de ces grands objets, l'âme de Rollin se fait partout sentir. Il y a au fond de ses récits je ne sais quel charme vraiment indéfinissable, qui touche à la longue et touche profondément, sans pourtant saisir l'âme d'aucune émotion violente. Ce ne sont pas seulement ici les grâces naïves du père de l'histoire, et l'aimable douceur de l'abeille attique ; c'est bien davantage encore ; c'est un parfum délicieux de vertu et de sainteté chrétienne ; c'est le calme auguste et pur d'une âme que nulle vertu n'étonne, et qui cependant sait toutes les apprécier, que le vice afflige, mais sans troubler jamais son inaltérable sérénité. Ici surtout l'histoire peut être dite la mère des bons conseils. Elle n'apporte ses leçons ni avec le front austère que lui a donné Thucydide, ni avec cette fière indignation dont elle foudroie le crime sous la plume de Tacite ; elle parle de la vertu avec amour, et elle fait aimer la vertu. Voyez se déployer devant vous ce vaste tableau des révolutions des empires, cette scène sans cesse mouvante de grandeurs et de ruines; tout vous attache, tout vous intéresse; rien ne vous consterne, rien ne vous épouvante. Vous reconnaissez partout la main de Dieu; mais vous ne la voyez pas, comme dans Bossuet, toujours terrible et menaçante; vous n'entendez pas retentir incessamment à vos oreilles l'épouvantable fracas de tous ces royaumes s'écroulant l'un sur l'autre, Tyr avec ses vaisseaux, Memphis avec ses pyramides, Ninive et Babylone avec leurs superbes murailles. Bossuet est le prophète hébreu qui annonce aux rois les colères du Très-Haut, et toutes ces images d'empires détruits, de grandeurs terrassées, sont pour un jeune prince de salutaires instructions sur le néant des choses humaines. La mission de Rollin n'est pas d'adresser si haut ses leçons; ceux pour qui il écrit n'ont pas besoin de semblables frayeurs; les hommes et leurs exemples, voilà pour eux l'histoire et ses enseignemens; le reste est un spectacle qu'il livre à leur curiosité bien plus qu'un sujet qu'il donne à leur méditation.

La sagesse de cette vieille Égypte qui jugeait ses rois après leur mort, l'éducation frugale de la jeunesse Persane, l'héroïque pauvreté de Sparte, la politesse brillante d'Athènes, tout cela s'embellit, tout cela devient pour ainsi dire plus vertueux sous la plume de Rollin, pour porter plus avant dans de jeunes cœurs les salutaires impressions du juste et de l'honnête. Avec quelle complaisance il s'arrête à décrire ces belles institutions qui fondaient le bonheur des peuples sur leur liberté, et leur liberté sur leur vertu ! Ces grandes actions mêmes auxquelles l'idolâtre antiquité a déjà prodigué tout son encens, et dont tant de siècles ont redit la gloire, ces grandes actions pour lesquelles il semblerait que la louange dût être épuisée, gagnent encore en beauté dans les simples récits de Rollin ; tant son admiration est profondément sentie pour tout ce qui retrace en quelque degré cette perfection morale dont le type est en lui-même ! Que j'ouvre les pages de son histoire, et le dévouement de Léonidas me paraît plus généreux, l'irréprochable équité d'Aristide accuse plus haut l'ingratitude d'Athènes, Socrate boit la ciguë avec plus de courage, et le vertueux patriotisme d'Épaminondas mourant brille d'un nouvel éclat à mes yeux. Le vice, au contraire, est comme mis dans l'ombre, et reculé dans un lointain obscur où sa vue inspire plus de tristesse et de pitié que d'horreur. Souvent même la charité évangélique s'empresse de jeter un voile sur ces déplorables laideurs de la nature humaine ; et, au lieu de frapper le crime d'anathème, elle se contente de gémir sur le fatal aveuglement des hommes, quand le flambeau de la religion leur refuse ses divines clartés. Sans cette pure lumière, les vertus elles-mêmes, avec tout leur éclat, ne sont pour Rollin que ténèbres. Ainsi, passant comme à l'épreuve du jour nouveau que le christianisme a fait luire sur l'univers, tous ces nobles, tous ces sublimes traits d'héroïsme qui ont illustré les siècles païens, viennent révéler d'eux-mêmes toutes les taches qui altèrent leur pureté, et obscurcissent leur gloire. Ainsi la jeunesse se trouve naturellement préservée de cette aveugle admiration, de cet enthousiasme irréfléchi pour les vertus antiques dont la triste et inévitable conséquence serait de donner à une monarchie des temps modernes des citoyens de Sparte et d'Athènes. Ainsi nous nous trouvons encore ramenés à admirer dans cet homme unique le merveilleux instinct de sagesse qui l'accompagne partout, et semble sans cesse l'avertir de tout ce qu'il y a à faire pour le bien de l'enfance.

Pourquoi le génie a-t-il aussi sa vieillesse ? Pourquoi faut-il qu'un attribut si noble et si rare, qui fait la gloire de la nature humaine, souffre aussi des outrages du temps ; et que cette flamme divine meure avant que la vie même soit éteinte ? Surtout pourquoi faut-il qu'une déplorable fatalité aveugle si souvent les grands hommes sur cette triste ruine d'eux-mêmes ? La gloire a donc bien des appas pour qu'ils s'obstinent à la poursuivre encore quand elle les a rassasiés de ses faveurs, et la vanité est donc bien crédule pour qu'ils s'en croient encore dignes quand l'âge a blanchi leurs cheveux et glacé toute leur vigueur ? Qu'il en est peu qui se laissent avertir à temps par les années, et, pleins de jours et d'honneurs, sachent dormir en paix sur une vieille célébrité ! Rollin était digne d'être de ce petit nombre de sages, si Rollin eût écrit pour la gloire. Mais il n'a voulu qu'être utile, et l'homme de bien ne se lasse jamais de l'être. S'il croit un moment qu'il est de son devoir de poser la plume, c'est un tout autre objet que le soin de sa renommée qui remplit son âme : soixante-quinze années de vertus et de travaux ont bien su le mettre au-dessus des misères de l'amour-propre : de plus graves intérêts l'occupent; il lui semble que, si près du terme de ses jours, son unique pensée doit être la dernière pensée du chrétien. Mais comment Dieu ne bénirait-il pas des veilles consacrées à une œuvre de bienfaisance ? Cette idée le rassure, et il veut finir, comme il a commencé : ceux qui ont eu les prémices de sa vie en auront les derniers restes. Malheureusement les forces de Rollin ne purent assez long-temps répondre à son zèle ; il fut retiré du monde avant d'avoir achevé le dernier bienfait qu'il préparait à la jeunesse ; l'Histoire Romaine est un monument imparfait. Avouons-le même, puisqu'aussi-bien cet aveu ne saurait rien ôter à la gloire du grand homme que nous louons, ce monument accuse la faiblesse d'une main fatiguée par l'âge, et on voit que le génie de Rome inspire moins heureusement Rollin que le génie de l'Égypte et de la Grèce. Mais tel qu'il est encore, quel précieux trésor que cet ouvrage ! L'âme de Rollin y est, et c'est beaucoup ; car elle suffit pour donner de la vie à des récits qui souvent languiraient sans elle. Ses pinceaux ne sont pas non plus encore abandonnés de cette couleur antique qui a déjà répandu tant de charme et de vérité sur le grand tableau de son Histoire ancienne. Si jamais, ou presque jamais, nous ne retrouvons l'éclatante majesté de Tite-Live, du moins retrouvons-nous quelquefois sa riche abondance dans cette narration toute pleine d'antiquité. C'est un fleuve dont les ondes molles et languissantes se traînent lentement, et comme avec effort, mais dont le lit, toujours pur et toujours limpide, laisse partout reconnaître la beauté de la source qui lui a fourni ses eaux.

Parlerons-nous des autres écrits de Rollin, ou, fidèles à l'esprit de notre siècle, laisserons-nous dans l'oubli ce que la mode, et peut-être un peu la raison, ne veulent plus qu'on loue? Il fut un temps où l'on tenait en grande estime une bonne édition de quelque ancien auteur, où l'on accueillait avec une incroyable avidité des harangues et des poésies qui retraçaient les événemens fameux des temps modernes dans la langue de Cicéron et de Virgile. Ce qui était mérite alors n'est plus guère aujourd'hui que pédantisme. Que le tort soit ou non à notre siècle, Rollin suivit l'esprit du sien, et ces ouvrages, dont on parle à peine de nos jours, furent les premiers fondemens de sa gloire universitaire. Au moins ont-ils gardé dans le sein des écoles l'autorité attachée au nom de celui qui les a produits; on les cite comme de purs modèles de la vraie latinité; on les lit même encore, et ils ont le rare avantage d'avoir survécu aux circonstances qui les ont fait naître. Mais, tout en appréciant, comme elles doivent l'être, de pareilles productions, il est juste aussi de convenir que ce n'était point à elles qu'il appartenait de faire vivre le nom de Rollin ; avec des titres si obscurs, la vulgaire renommée du *bon recteur* ne serait jamais sortie de l'étroite enceinte des colléges, et les honneurs d'un éloge public n'ennobliraient pas aujourd'hui sa cendre.

C'est une méditation bien salutaire à l'âme que celle de la vie d'un homme de bien ! Quand on voit Rollin, après avoir rempli de bonnes œuvres sa longue carrière, arriver tranquillement au terme, laissant derrière lui l'éternel souvenir de ses vertus, il y a là pour le cœur une leçon bien éloquente. On n'est plus tenté d'envier le sort de tous ces beaux génies, à qui la gloire a tant coûté, et qui ont acheté au prix de tant de sacrifices le triste privilége de faire quelque bruit dans le monde. Qu'ils sont petits, avec leur vie tourmentée sans cesse des misérables inquiétudes de la vanité, qu'ils sont petits devant l'homme simple et vertueux qui n'a rien demandé ! Leur triomphe même, avec toute sa gloire, est-il plus beau que le sien ? Les bruyantes acclamations de l'enthousiasme sont-elles un prix plus flatteur que les douces larmes de la reconnaissance ? Lorsque le grand Racine entend son nom proclamé, au milieu de mille applaudissemens, par une multitude enivrée du charme de ses vers, y a-t-il là pour lui plus de vraie gloire qu'il n'y en a pour Rollin, lorsque ce même Racine dit, près d'expirer : « La mort a pour moi moins d'amertume : » monsieur Rollin élèvera mon fils ? » Homme admirable, que la postérité, comme ses contemporains, ne peut juger que par un concert de bénédictions ! Son âme fut tout amour, et l'amour est sa récompense. Demandez aux mères quel est l'homme qui, dans ses soins pour l'enfance, a su le mieux deviner leur cœur, l'homme qui a su le mieux retrouver cette tendre prévoyance, cette délicatesse d'affection qui n'est qu'à elles; elles vous répondront toutes : C'est Rollin. Et quel jeune homme dont l'âme a quelques vertus, et l'esprit quelques lumières, ne garde pas pour Rollin un respect filial dans le fond de son cœur ? Qui ne s'est pas cru quelquefois un de ces pauvres boursiers du collége de Beauvais, qui versent tant de pleurs quand un injuste arrêt vient leur enlever leur maître et leur père ? qui ne s'est attendri en voyant l'âme sèche et austère de Crévier lui-même trouver des larmes pour parler de celui dont il fut quarante ans le disciple et l'ami? On l'appelle le bon Rollin : douce popularité qui ne s'attache qu'aux plus aimables vertus! c'est ainsi qu'on dit le bon Henri.

Une telle vie devait-elle être empoisonnée par la persécution ? Cependant elle n'en fut point exempte. Simple dans sa foi, plein de candeur et de franchise dans ses opinions, Rollin eut le malheur de professer des doctrines religieuses qui déplaisaient à l'autorité, et trois fois l'autorité lui fit sentir ses rigueurs. Rollin a pour lui sa conscience ; il supporte tout avec une paisible résignation. D'assez honorables amitiés le consolent de quelques haines. Un d'Aguesseau et un Lenain, l'honneur de la magistrature, un Cochin, la lumière du barreau, tout ce qu'il y a de plus probe et de plus éclairé dans le siècle, des princes mêmes sont là pour l'environner de leur glorieux patronage, et lui prêter la garantie de leur nom, si le nom de Rollin ne se suffisait à lui-même. Qu'importe à son siècle qu'on l'accuse de *jansénisme*? En est-il moins le plus savant et le plus vertueux instituteur de l'enfance? Une disgrâce peut bien lui enlever l'honneur de ses modestes fonctions; lui enlèvera-t-elle la confiance et la vénération qui l'entourent? Chose merveilleuse! la haine le poursuit, et pourtant l'envie ne songe pas à lui disputer sa gloire! Les cœurs et les visages sont toujours pour lui les mêmes, et le front soucieux d'un jaloux détracteur ne se ride point en sa présence. Que dis-je? Tout disgracié qu'il est, la persécution même semble n'approcher de lui qu'avec ménagement, et comme avec une sorte de respect; tant est puissant l'ascendant de ses vertus! D'Asfeld, le plus tendre ami de Rollin (et pour lui quel éloge!), d'Asfeld est exilé, et Rollin, le complice de ses erreurs et de sa franchise, demeure tranquille au sein de ses foyers. Cette disgrâce fut bien à déplorer pour la jeunesse d'alors; elle perdait un maître comme il n'en fut jamais. Pouvons-nous ne pas nous en applaudir, nous qui lui devons les loisirs Rollin et le *Traité des Études*?

Il est des vertus qui, dans une âme comme celle de Rollin, sont si naturelles, et, pour ainsi dire, si obligées, que les y remarquer serait faire à celui qu'on loue une sorte d'injure. Qu'est-il besoin que l'on nous redise toutes les aumônes que cette main bienfaisante répandait sur l'indigence, toutes les familles souffrantes dont il consolait la misère, tous les écoliers sans fortune dont sa bourse était le patrimoine, pour nous persuader que sa pauvreté était plus libérale que ne le fut jamais la plus brillante opulence? Ce serait le contraire qui serait pour nous impossible à croire. Quand on a assez de désintéressement pour ne point chercher la fortune, pour la fuir même, et chérir la médiocrité, il en coûte bien peu d'être charitable. C'est un plaisir si facile et si doux que celui de la bienfaisance, qu'il faut avoir le cœur bien mal fait pour se le refuser. Mais savoir avec peu faire beaucoup de bien, savoir suppléer à l'or par les ressources toujours nouvelles d'une charité ingénieuse, ce n'est plus là simplement un instinct, c'est un art qui n'appartient qu'à un très-petit nombre d'âmes pures et délicates. Fénélon fut riche, et pourtant Fénélon posséda cet art : c'est que sa richesse était pauvre pour tout le bien qu'il faisait. Son âme se rencontre encore ici avec celle de Rollin.

Ces deux hommes ont entre eux tant de rapports de conformité ; le caractère de leurs vertus est si bien le même ; la physionomie de leurs âmes, si je puis m'exprimer ainsi, est si ressemblante, que leurs noms donnent au cœur tout-à-fait les mêmes impressions, et qu'il est comme impossible à la pensée de s'arrêter quelque temps sur l'un, sans trouver aussitôt l'autre. Dans tous les deux, c'est une piété aimable, tolérante et féconde en bonnes œuvres ; dans tous les deux une douceur toujours indulgente, mais à laquelle s'allie une franchise qui sait dire la vérité, et la dire à ceux qui savent le moins l'entendre : dans l'un, la modeste simplicité d'un homme qui ne se souvient de ses aïeux et de son rang que pour chercher à les faire oublier; dans l'autre, la modeste fierté d'un homme qui, n'ayant de noblesse que la vertu et le talent, sait pardonner au hasard l'obscurité de sa naissance : tous deux enfin n'ont qu'une seule passion dans le cœur, et c'est le bonheur de leurs semblables ! mais, en changeant de théâtre, cette passion change de caractère; le premier, avec une âme plus ardente et un génie plus élevé, placé près de l'oreille des rois, leur dictera des maximes pour régir leur conscience, et au nom de leurs peuples, au nom de l'humanité tout entière, leur commandera la vertu; l'autre, moins richement doué de la nature comme de la fortune, sera destiné à attendre à l'entrée de la vie les générations naissantes, pour s'emparer d'elles, les façonner aux habitudes d'une éducation savante, morale et religieuse, et préparer ainsi à la société des membres utiles, et à l'état de bons citoyens. Ils ont bien dignement rempli leur destinée l'un et l'autre ! Ils ont plus fait encore, et par ce glorieux privilége de la vertu, quand elle s'unit au talent, leurs bienfaits leur ont survécu, et leurs écrits parlent aujourd'hui pour eux.

Oui, sans doute, toute modeste qu'elle est, la gloire de Rollin est immortelle : elle est immortelle, puisqu'elle vivra aussi long-temps que vivront les lettres et leur bienfaisante culture. Et quelle épreuve lui a manqué, aujourd'hui qu'elle a su triompher, pure et toujours la même, du génie des révolutions ? Tout a changé en France. Un vaste naufrage a dispersé tous les élémens de l'ordre social ; cette vieille et florissante Université à laquelle se rattachait le nom de Rollin, a péri avec tout le reste, et ses débris se sont confondus au milieu de tant de ruines. Cependant, à travers tant d'orages, la renommée du bienfaiteur de la jeunesse est demeurée impérissable ; une tradition de reconnaissance et d'amour s'est conservée dans les familles ; le culte pieux des souvenirs a fait taire les irrévérences de l'esprit de système, et ceux mêmes pour qui tout ce qui fut jadis est un objet de mépris ou de haine, subjugués par le respect, ont été contraints de pardonner à Rollin ses vertus et sa gloire. Est-ce aujourd'hui que périra cette gloire, lorsque tout se relève, que tous les maux s'effacent, que partout refleurissent les arts de la paix, et que, fidèles interprètes de la voix publique, les hommes distingués qui forment l'élite des lettres françaises, après avoir consacré le nom de l'immortel écrivain qui posa pour nous les premiers fondemens de la liberté monarchique, viennent d'y ajouter aussitôt le nom de celui dont l'influence protectrice doit comme assurer encore et perpétuer celle de Montesquieu, en veillant à jamais parmi nous sur les destinées de l'enfance.

Noble alliance de la liberté et des lettres! que ne devons-nous pas en attendre? Quel glorieux démenti va donner la France à ces injustes et odieux détracteurs, qui, prodigues de déshonneur envers leur patrie, ne consentent plus à voir en nous qu'une race abâtardie et déshéritée du génie de ses pères, et qui, nous poussant à genoux devant les statues de nos grands hommes, voudraient nous condamner là pour jamais à un oisif enthousiasme et à une impuissante admiration! Pour nous, nous le pensons et nous le proclamons hautement, jamais le pays de France ne saurait être stérile en grands noms, et de nouvelles gloires ne manqueront pas à notre nouvelle monarchie. A l'ombre d'un trône protecteur de la liberté publique, s'élève dans nos écoles une jeunesse nombreuse, espoir naissant de la patrie, héritière à la fois des sages leçons des vieux temps, et de la puissante expérience des temps modernes. C'est à elle qu'il est réservé d'accomplir les hautes destinées de la France. Instruite à révérer le passé, mais sans regrets, riche de toutes les lumières de son siècle, c'est à elle qu'il appartiendra de faire enfin pleinement fructifier tous ces germes de prospérité, dont trente années de malheurs ont fécondé le sol de notre belle patrie. Heureux et fiers de cette liberté qui aura tant coûté à leurs pères, ils la légueront à leur tour à leurs enfans, et le bienfait d'une éducation patriotique perpétuera à jamais ce noble héritage. Croissez, brillante jeunesse, croissez pour la France qui attend de vous un si bel avenir. Mais, tranquilles possesseurs de ces jours de félicité et de gloire, que vos regards se tournent quelquefois avec reconnaissance vers ceux de vos devanciers, dont les travaux auront amassé pour vous un si riche trésor. Qu'ils aient à jamais vos hommages, ces immortels bienfaiteurs de leurs pays, dont les sages écrits, devançant l'expérience des siècles, ont hâté les progrès de la raison humaine, et préparé de loin cette heureuse époque de maturité, où le bien doit naître comme par la force même des choses, et où les peuples sont appelés à le recueillir. Surtout, n'oubliez jamais que vous fûtes enfans, et, au milieu de tous ces grands noms, vous n'oublierez jamais le nom de Rollin.

FIN.

# NOTE.

Nous croyons devoir restituer ici, par forme de note, un morceau qui faisait d'abord partie de la péroraison de notre discours, mais que nous avons ensuite supprimé, comme tranchant un peu trop avec la couleur continuellement *tempérée* que nous pensions appartenir à l'éloge de Rollin, et avec les formes académiques auxquelles il avait été de notre devoir de nous assujettir.

Après quelques mots sur la gloire littéraire du siècle de Louis XIV, nous disions :

.....Elles sont bien brillantes, sans doute, elles ont un charme bien séduisant, ces décevantes promesses de l'esprit de système, qui ne veulent que l'éducation des vieux temps pour nous faire retrouver tant de gloire ! Mais, qu'elles entraîneraient de fatales conséquences ! Quelle imprudence que celle qui voudrait forcer le cours des choses pour leur demander ce qu'elles ne peuvent nous rendre ! Une barrière insurmontable s'est élevée entre ce qui fut jadis et ce qui est aujourd'hui ; on ne la brisera jamais. En vain revivraient parmi nous tout le génie de Port-Royal et toute l'expérience de Rollin ; en vain seraient confiées à des mains, s'il est possible, plus savantes et plus pieuses encore les destinées de nos générations nouvelles : dans ce déplacement universel, les conséquences ne répondraient plus aux principes ; l'antique sagesse, si féconde en heureux résultats, se trouverait à tout moment étonnée de son impuissante stérilité; les choses, en un mot, résisteraient aux hommes; ou, si elles se laissaient un instant dominer, c'est alors que serait donnée à la France une race vraiment abâtardie, antique par éducation, moderne par instinct, dont le caractère n'offrirait qu'un monstrueux assemblage de traits indécis, où vainement on chercherait la dignité de l'homme.

On ne doit point se le dissimuler, de nouvelles destinées ont commencé pour la France; il leur faut de nouveaux hommes, et pour cela une nouvelle éducation. Le temps n'est plus où l'enfance naissait à la vie intellectuelle, l'âme pleine de croyances positives, qui, imposant leur joug à la raison, enchaînaient d'avance ses caprices et son orgueil. L'esprit d'examen a pénétré partout avec son inquiète curiosité; l'imagination n'a rien refusé à sa licence vagabonde; tout a été reconnu, sondé, remué, et l'œil même de l'enfance a osé descendre dans les fondemens de toutes les croyances morales et religieuses. Triste héritage des révolutions sans doute; mais c'est un fait enfin, et, puisqu'il existe, il faut le reconnaître, et en accepter les inévitables conséquences. Ce ne sont point ici les folles suggestions de la manie d'innover; ce sont les conseils de la vraie sagesse, de cette sagesse de tous les temps et de tous les lieux, supérieure aux vieilles routines, par cela même qu'elle est plus ancienne qu'elles, qui inspirait Rollin dans son siècle, et qui doit au même titre nous inspirer dans le nôtre. Une fois placées à la base de l'édifice, ces pierres fondamentales, sur lesquelles doit immuablement reposer toute éducation qui veut le bonheur des hommes, qu'importe que le reste soit, de nos jours, comme il le fut jadis, l'œuvre des circonstances?

Le but est le même; on veut toujours des esprits éclairés et des âmes vertueuses : les moyens seuls changeront, parce que les hommes sont changés. Il n'y a pas là proscription contre le passé, mais obéissance à la loi impérieuse du présent. Disons plus, même : des traces nombreuses de ce qui fut jadis se retrouveront dans ce monument élevé au génie des temps modernes. Heureuse nécessité, qui défend que jamais les siècles soient entièrement déshérités de leur expérience! Mais l'expérience, du moins, aura demandé de nouveaux titres à la raison; une sévère épreuve aura tout jugé; les traditions de l'erreur auront disparu; le vrai seul restera pour triompher à jamais; et, loin de déchoir de son autorité, le *Traité des Études*, fort de cette sanction nouvelle, se montrera comme un de ces rares et précieux ouvrages où il y a le plus de ces vérités qui sont de tous les temps.

FIN DE LA NOTE.

www.ingramcontent.com/pod-product-compliance
Lightning Source LLC
Chambersburg PA
CBHW060516050426
42451CB00009B/1017